Da steppt der Bär

Auf Tuchfühlung mit Grizzlys und Orcas

von

Julia Riesenweber

Band 3

Meiner Sommer – Rundreise durch Kanada

Bibliographische Information der Deutschen Nationalbibliothek: Die Deutsche Nationalbibliothek verzeichnet diese Publikation in der Deutschen Nationalbibliographie, detaillierte bibliographische Daten sind im Internet über http://dnb.dnb.de abrufbar.

© 2021 Riesenweber, Julia

Herstellung und Verlag:
BoD – Books on Demand, Norderstedt

ISBN: 9783754329931

Fotos im Buch, Autorenfoto:
Julia Riesenweber

Coverfoto vorne:
Junge Grizzlys beim Kampf um Lachs

Ich widme dieses Buch all den netten Menschen, die mich so höflich in ihrem Land empfangen haben und die mir mit Hilfsbereitschaft, Freundlichkeit und guten Wegbeschreibungen den Urlaub versüßt haben.

Inhaltsverzeichnis

Vorwort

Der dritte Teil meiner Reise durch Kanada führte mich nach Vancouver Island. Und das hatte auch einen guten Grund. Denn seit ich „Free Willy" gesehen hatte, wollte ich unbedingt Orcawale in der freien Wildbahn sehen. Und ich hatte recherchiert und herausgefunden, dass im Norden von Vancouver Island zwei Gruppen von Orcas dauerhaft wohnen. Eine dritte Gruppe von Walen war jedes Jahr auf der „Durchreise". Mein Bruder war der Ansicht, ich könnte überall in Kanada Whalewaching betreiben. Aber da ich Orcas sehen wollte, und ich weiß, dass bei Tierbeobachtungen auch viel Glück dazu gehört, wollte ich dorthin, wo die Wahrscheinlichkeit groß ist, Orcas zu begegnen. Ich hatte ein Reisebüro angerufen, das mir schon öfters gute Reisen zusammen gestellt hatte. Dieses Reisebüro hatte für Kanada nur Mietwagentouren im Sortiment. Eigentlich wollte ich eher mit kleinen Gruppen unterwegs sein, da ich letztendlich allein reiste. Deshalb buchte ich die Kanadareise dann bei Schulz Aktiv Reisen. Aber das andere Reisebüro (Erlebe Fernreisen) hatte verschiedene Bausteine, die man zu einer Reise zusammenstellen kann. Und dort gab es auch einen Baustein, wo man einige Tage mit dem Mietwagen auf Vancouver Island unterwegs sein konnte. Der Baustein enthielt auch eine Whalewatching Tour, wo man mit etwas Glück Orcas sehen kann. Ich rief dort an und fragte, ob man einzelne Bausteine auch an eine bestehende Reise, die woanders gebucht war, dran hängen könnte. Und ich danke Erlebe Fernreisen dafür, dass dies tatsächlich möglich war. Deshalb buchte ich für einige Tage einen Mietwagen und Flüge von Edmonton nach Vancouver und weiter nach Vancouver Island. Zu einer bestimmten Zeit (zufällig auch im August) gibt es in der Nähe der Insel in einem Fjord Lachse, die auf dem Weg nach Alaska dort vorbei kommen... viele Lachse. Und deshalb konnte ich auch einen Ausflug buchen, bei dem ich Grizzlys beobachten würde. Meine Reise würde in Vancouver enden, wo ich dann noch die Stadt genauer anschauen konnte. Ab jetzt war ich auf mich allein gestellt. Aber im Nachhinein muss ich sagen, dass diese Tage auch eine sehr schöne Zeit waren und meine Reise abgerundet haben.

1. Auf geht`s nach Port McNeill

Am Morgen des 23. 08. 2014 musste ich schon sehr früh aufstehen. Denn ich hatte ein Flughafen-Shuttle gebucht und mein Flug sollte Edmonton schon um 6:30 Uhr verlassen. Tatsächlich gab es um 4 Uhr morgens in der Hotellobby eine Kanne mit frischen Kaffee, wie es mir die Rezeptionistin tags zuvor gesagt hatte. Ohne Kaffee kann man mich morgens nicht gebrauchen! Mein Shuttle kam pünktlich und brachte mich zum Flughafen. Ich flog nach Vancouver, wo ich umsteigen sollte. In Vancouver wurde ich auf das Rollfeld geführt und traute meinen Augen nicht! Denn bisher war ich große Flugzeuge gewöhnt. Vor mir stand nun aber eine recht kleine Propellermaschine. Sie war im Vergleich zu den Flugzeugen, die ich sonst bestieg, so klein, dass ich es erst nicht glauben konnte. Aber es war das richtige Flugzeug. Interessant wurde es erst so richtig, als ich einstieg. Denn es gab nur zwei Sitzreihen und einen schmalen Gang in der Mitte. Da allerdings auf jeder Seite nur ein Sitz angebracht war, konnte mir auf diesem Flug ein Fensterplatz garantiert werden! Und das fand ich großartig, denn so konnte ich das Meer unter mir betrachten. Ich liebe es, im Flugzeug aus dem Fenster sehen zu können. Die kleine Maschine startete problemlos und mein

Vertrauen in das Flugzeug wuchs beträchtlich. Schnell musste ich feststellen, dass die Maschine sehr laut war. Aber es wurde ein ruhiger Flug nach Comox auf Vancouver Island. Ich befand mich nun im Bundesstaat British Columbia. Comox ist ein sehr kleiner Ort auf der Insel.

Direkt am Flughafen sollte ich meinen Mietwagen entgegen nehmen. Am Ende der Reise würde ich mit der Fähre nach Vancouver fahren und dort am Flughafen mein Auto abgeben. Ich musste zwar eine kleine Überführungsgebühr bezahlen, dann war es aber möglich, das Auto woanders abzugeben, da es sowohl auf Vancouver Island, wie auch in Vancouver die gleiche Mietwagenfirma gab. Zu Hause wurde ich gewarnt, ich solle mir ja kein riesiges Geländefahrzeug aufschwatzen lassen, bei dem ich dann vielleicht noch einen Aufpreis zahlen müsste. Ich hatte bei der Mietwagenbuchung angegeben, dass ich die kleinste Auto-Kategorie haben wollte. Denn ich brauchte für die Strecke auf gut ausgebauten Straßen sowieso keinen Geländewagen und in meiner Vorstellung muss ein Auto mich nur von A nach B bringen. Gut, ich bin eine Frau. Daher denke ich eher praktisch. Allerdings musste ich mir gar keine Sorgen machen, dass mir irgend jemand eine Riesenkarre aufschwatzen würde. Denn der Autovermieter beherrschte seinen Job und hatte wohl Menschenkenntnis. Der junge Mann am Schalter sah mich, die junge Frau, auf ihn zukommen und er erwähnte mit keinem Wort ein großes Auto. Er hat mir wohl angesehen, dass ich lieber kleine Wagen fahre. Die Mietwagen in Kanada sind alle mit Automatikgetriebe. Da ich meinen Führerschein mit Schaltgetriebe gemacht habe und noch nie Automatik gefahren bin, hatte ich erst Bedenken, was für eine Herausforderung das sein würde. Vor Beginn meiner Reise sah ich mir auf Yutube im Internet ein Filmchen über Automatikgetriebe an und erkundigte mich auch bei Familienmitgliedern, die mit Automatik Erfahrung hatten, wie das zu handhaben sei. Der nette Autovermieter erklärte mir aber alles noch einmal ganz genau und mein Englisch war gut genug, um ihn zu verstehen. Er sagte mir, welchen Sprit ich tanken musste und war allgemein sehr hilfsbereit. Ich stellte letztendlich fest, dass es gar kein Problem war, Automatik zu fahren und die Umstellung auf Schaltgetriebe, als ich wieder zu Hause war, brachte keine Probleme mit sich. Mit meinem Führerschein bin ich berechtigt, Automatik zu fahren, auch wenn ich in der Fahrschule nur Schaltgetriebe gefahren bin. Allerdings gab es ein Problem. Ich hatte ein Navigationsgerät mit gebucht. Und die Mietwagenfirma hatte nur eine bestimmte Anzahl an Navis. Das Gerät, das für mich vorgesehen war, wurde einen Tag vor meiner Ankunft zurück gebracht. Und leider war es kaputt! Ein anderes Gerät gab es nicht, denn alle weiteren Geräte waren mit anderen Autos unterwegs. Ein eigenes Navi hatte ich auch nicht dabei. Ich telefonierte mit der Partner-Agentur meines Reisebüros, die ihren Sitz in Kanada haben, um stets erreichbar zu sein. Ich hatte auch sofort einen Mitarbeiter in der Leitung, der mir versprach, ich bekäme das Geld zurück, wenn ich eine schriftliche Bestätigung über den Vorfall nach Ende meiner Reise von daheim aus an mein Reisebüro schicken würde. Der Autovermieter gab mir ein Schriftstück mit, auf dem der Fall geschildert wurde und ich bekam auch tatsächlich später mein Geld zurück. Und an dieser Stelle sollte ich erwähnen, wie hilfsbereit die Kanadier sind. Denn der Autovermieter wollte mich nicht ganz ohne Information fahren lassen. Er schenkte mir einen Straßenplan von Vancouver Island und zeichnete mir den Weg ein, den ich fahren musste, um nach Port McNeill zu kommen, wo mein Hotel war. Mein Auto war ein kleines, grünes Gefährt. Da grün meine Lieblingsfarbe ist, freute ich mich darüber. Es war ein schnuckeliges Auto genau nach meinem Geschmack. Und so machte ich mich auf den Weg. Die gute Wegbeschreibung des Vermieters und der Straßenplan halfen mir, mich zurecht zu finden. Nur einmal, in einem kleinen Ort namens Campbell River, musste ich an einer Tankstelle fragen, da ich nicht sicher war, wo ich abbiegen musste. Ich erreichte tatsächlich mein Ziel – auch ohne Navi.

Allerdings stellte ich schnell fest, dass die Kanadier sehr sparsam mit Straßenschildern umgehen. Denn es gab auf der ganzen Strecke nur sehr wenige Schilder, die die Richtung oder Orte angaben. Und wenn zwischendurch mal ein Schild auftauchte, war dort nie der Ort aufgeführt, den ich finden wollte. In Deutschland steht alle hundert Meter ein Schild mit Ortsangaben und es werden auch kleinere Orte aufgeführt. Ich wusste, dass ich in den Norden der Insel musste. Und dass eine größere Stadt im Norden Port Hardy hieß. Also fuhr ich immer Richtung Port Hardy. Das half sehr. Da ich so früh aufgestanden und deshalb mittlerweile entsprechend müde war, war ich glücklich darüber, dass mein Auto ein Radio besaß und ich Musik hören konnte. Irgendwann kam leider eine Sendung, in der wenig Musik gespielt und dafür mehr geredet wurde. Also schaltete ich das Radio ab und sang selbst, um nicht in einen Sekundenschlaf zu fallen. Ich singe prinzipiell gern und auch wenn ich sicher nicht jeden Ton treffe, so singe ich nicht schief. Und der Vorteil am allein reisen ist, dass es niemand hört, wenn man im Auto singt. Also kramte ich jedes Lied hervor, das mir so einfiel... Als ich nicht weiter wusste, stieg ich kurzzeitig auf Kinderlieder um. Als Erzieherin habe ich viele Kinderlieder im Kopf. Die Straßen waren meist schnurgerade und die Landschaft änderte sich kaum. Auch das macht müde. Der Nachteil am alleine verreisen ist, dass man keinen Fahrerwechsel machen kann. Aber ich kam tatsächlich irgendwann an eine der wenigen Abzweigungen, wo ein Schild verkündete: „Port McNeill"! Ich war angekommen.

Es war angenehm warm und die Sonne schien. Die restlichen Tage waren so, wie man es sich im Urlaub wünscht, nicht zu heiß, aber sommerlich! Mein Hotel war das Black Bear Resort. Es lag am Hang und man hatte einen tollen Blick auf den kleinen Hafen und das Meer. Hier sollte ich nun drei Nächte verbringen. Das Hotel bestand aus niedrigen, einstöckigen Häusern mit Holzfassade. In den ersten Stock gelangte man über eine Außentreppe. Dann lief man den Außenflur entlang und ich fand recht schnell mein Zimmer. Das Black Bear Resort ist ein gemütliches Hotel mit Grillplatz, Parkplatz, Frühstückshaus und schönen Zimmern und ich kann es nur empfehlen. Das Personal ist freundlich und hilfsbereit und man erreicht schnell den Hafen und den Ortskern von Port McNeill mit einigen wenigen Geschäften und Lokalen. Es ist auch ein guter Ausgangspunkt für Ausflüge in die Umgebung, wie ich sie vorhatte. Denn zu dem Fischerort namens Telegraph Cove, von wo aus meine Tierbeobachtungstouren starten sollten, waren es nur wenige Autokilometer. Telegraph Cove hatte selbst kein Hotel.

Ich sah mich am Nachmittag am Hafen um und ging etwas spazieren. In einem Cafe genoss ich einen Eiskaffee, der tatsächlich auch dem Eiskaffee entspricht, den man in Deutschland kennt. Denn eigentlich bekommt man in den USA und Kanada nur kalten Kaffee mit Eiswürfeln, wenn man Eiskaffee bestellt. Dieser wird dann „Iced Coffee" genannt. Einen deutschen

Eiskaffee, mit Vanilleeis und Sahne zubereitet, findet man nur sehr selten in Nordamerika. Aber in Port McNeill fand ich ein Cafe, das mir eine Variante des deutschen Eiskaffee bereiten konnte, die sehr lecker war. Abends ging ich in einem Lokal essen, das in der Nähe des Hotels am Hang lag. Es hatte den schön klingenden Namen „Northern Lights". Auf dem Weg zurück zum Hotel entdeckte ich ein Schild, das mich kurz irritierte. Es stand darauf zu lesen „Tsunami Evacuation Route". Der Hafen sah eigentlich ganz friedlich aus... Dass es hier Tsunamis geben sollte, war mir neu. Aber gut, dann kannte ich schon den richtigen Weg, sollte es jemals zu einem derartigen Notfall kommen! Ich ging früh schlafen, da ich am nächsten Tag ja einiges vor hatte und ich etwas Schlaf nachholen musste.

2. Orca`s auf 12 Uhr

Gut erholt und gut gesättigt nach einem wunderbaren Frühstück machte ich mich am nächsten Morgen (24. 08. 2014) auf den Weg nach Telegraph Cove. Der Rezeptionist im Hotel kannte mein Problem mit dem Navi, da ich etwas Smalltalk gehalten hatte bei der Ankunft und dabei erfuhr er von der Geschichte. Er hatte auch Mitleid mit mir und zeichnete mir einen exakten Plan der Strecke nach Telegraph Cove auf ein Blatt Papier. Dabei nannte er auch sämtliche Rechts- und Linkskurven und verschiedene Wegstellen, wo ich auf Wildwechsel achten musste. Er zeichnete mir einen alten Bahnübergang ein und ich merkte, dass er die Strecke wohl selbst schon tausende Male gefahren sein musste, da er sie im Schlaf beschreiben konnte. Trotz der guten Beschreibung fuhr ich erst einmal an der Abzweigung vorbei, denn wieder einmal stand kein Straßenschild dort, um mir zu erklären, dass ich genau hier abbiegen müsste, wenn ich nach Telegraph Cove möchte. An der nächsten Tankstelle fragte ich noch einmal und der Tankwart zeigte mir die kleine Abzweigung. Ich bog auf eine schmale Straße ab und hielt die Zeichnung des Rezeptionisten in der Hand. Bald stellte ich fest, dass der Rezeptionist wirklich jede Kurve kannte.. Die Beschreibung stimmte bis ins allerkleinste Detail. Es war eine schöne, schmale Straße, die an einem Wald entlang führte. Zum Glück begegnete mir kein Tier, das über die Straße wollte. Der Bahnübergang war sehr alt und es sah für mich so aus, als ob es ein stillgelegter Bahnübergang war. Kurz danach erreichte ich den wunderbaren Fischerort Telegraph Cove. Das Örtchen ist eine Ansammlung von Holzhäusern, die über der Bucht auf Holzpfählen errichtet wurde. Es gibt zwei Cafes, einen Souveniershop und verschiedene Häuser. Manche davon so alt, dass sie wohl nicht mehr bewohnt werden. In anderen Häusern hatten verschiedene Veranstalter von irgendwelchen Entdeckungstouren ihre Büros. Ich las am Parkplatz in Schild, man solle auf wilde Pumas aufpassen, da diese wohl sehr agresiv werden könnten. Da ich wusste, dass ich am nächsten Tag in der Morgendämmerung ankommen würde, und der Parkplatz von Büschen umgeben war, fand ich die Vorstellung von Pumas im Wald nicht prickelnd. Jetzt, am Vormittag lag das Städtchen ruhig da. Ich lief einal quer über die Holzstege und ließ die Umgebung auf mich wirken. Ich entdeckte noch ein Pub und ich fand die Ortschaft sehr gemütlich. Da ich noch Zeit hatte, holte ich mir in dem Coffee Shop einen Kaffee und suchte in dem Souveniershop nach schönen Postkarten. Später suchte ich die Organisation „Stubbs Island Whale Watching" auf, um mich für meine Tour zu melden. Der Anbieter setzt sich für den Schutz der Meeressäuger ein und weiß genau, wo die Tiere zu finden sind. Rund um Telegraph Cove liegt das Broughton Archipel. Es ist eine Ansammlung kleiner, bewaldeter Inselchen, auf denen viele verschiedene Tiere leben und ist ein Naturschutzgebiet. Hier bei Telegraph Cove lebt eine Gruppe von ca. 30 Orcas das ganze Jahr über. Weiter im Süden gibt es eine weitere Gruppe und es ziehen immer wieder Orcas durch das Archipel. Die Chance, diese friedlichen Riesen hier zu sehen, ist also recht groß. Nach der Anmeldung wurde ich auf ein relativ großes Schiff gebracht und die Fahrt ging los. Alle standen an der Reling und hielten Ausschau. Der Leiter der ca. dreieinhalbstündigen Tour erklärte uns, dass das Fischerboot, das wir recht bald entdeckten, auf die Wale achtete und wo es sich aufhielt, könnten auch Orcas sein. Es dauerte keine drei Minuten, da tauchte die erste schwarze Flosse im Meer auf. Zu meinem Glück war es ein Orca. Da diese Tiere nie allein unterwegs sind, waren wir bald umzingelt. Unser Boot stoppte den Motor. Es gilt die Regel, dass man 100 m

Abstand zu den Tieren halten muss. Und der Motor irritiert die Tiere. Deshalb wurde er abgestellt. Nun sind Orcas ja von sich aus sehr neugierig und kamen rasch näher, als sie merkten, dass von uns keine Gefahr ausging. Sie tauchten unter unserem Boot durch und schwammen langsam daran vorbei. Da Orcas nicht so schnell wie Delfine wieder abtauchen, konnten wir sie wunderbar beobachten, wie sie ganz nah und mit langsamen Bewegungen durchs Meer glitten. Es war sogar ein Kalb dabei. Es ist ein tolles Gefühl, diese schönen Wale in der freien Wildbahn zu sehen. Wir beobachteten einige Kajakfahrer, die ebenfalls von den Orcas umzingelt waren. Solche Kajaktouren können angeboten werden, weil Orcas friedlich sind. Wäre ich ins Wasser gefallen, so weiß ich nicht, ob ein Wal mich – so wie Willy – wieder an die Wasseroberfläche geschoben hätte. Aber gefressen hätten mich diese Tiere nun auch nicht. Der andere Name „Killerwal" ist eigentlich die falsche Bezeichnung für diese friedfertigen Meeressäuger. Ich kann mir auch gar nicht erklären, woher der Name kommt. Ich war jedenfalls glücklich! Es gab an Bord unseres Bootes sogar einen Meeresbiologen, der uns sehr viel zu den Tieren erzählen konnte. Er hatte sogar ein Unterwassermikrophon dabei, mit dem man den Tönen der Wale lauschen konnte. Wir sahen sogar einen Wal springen. Nach einiger Zeit fuhren wir weiter und aufs offene Meer hinaus. Dort wurde uns erklärt, man müsse immer die Möwen im Blick haben. Denn diese kreisen über einem Fischschwarm, der gerade unterwegs ist und versuchen, die dicksten Brocken abzubekommen. Dort wo eine große Ansammlung von Möwen ist, gibt es eine gute Möglichkeit, dass Buckelwale auf der Jagd sind. Sie tauchen tief nach unten, schwimmen dann schnell Richtung Wasseroberfläche, öffnen ihn Maul und schwimmen direkt durch den Fischschwarm, um zu fressen. Und tatsächlich, wir fanden die Möwenansammlung und einige Minuten später tauchte ein riesiger Buckelwal auf. Wir trafen auf unserer Fahrt zwei Exemplare und konnten sie wunderbar beobachten. Auch einen Schweinswal sahen wir kurz auftauchen. Auf der Rückfahrt durch das Archipel fanden wir eine kleine Robbe, die sich auf einem Stein sonnte und wir sahen zwei Weißkopfseeadler in den Zweigen eines Baumes sitzen. Es war ein tolles Erlebnis. Um die Erfahrung noch abzurunden, begegnete uns auf dem Heimweg noch eine Orcafamilie, die friedlich durchs Wasser glitt und sich von uns überhaupt nicht stören ließ. Ich kann eine

Tour mit „Stubbs Island" absolut empfehlen, denn diese Leute machen tolle Arbeit und leisten nebenbei einen Beitrag zum Umweltschutz. Außerdem arbeiten sie mit Meeresbiologen zusammen und wissen, wo man Wale findet und wie man sie mit Touristengruppen beobachten kann, ohne sie zu stören. Ein wirklich gelungener Ausflug. Am frühen Abend fuhr ich glücklich und mit vielen Eindrücken wieder zum Hotel. Da zum Beobachten von Tieren ja immer eine große Portion Glück gehört, freue ich mich, dass mir dieses Glück zuteil wurde und ich eines meiner Lieblingstiere beobachten konnte!

3. Und Action! Meeting mit Delfinen, Grizzlys und Lachsen

Am 25. 08. 2014 brach ich früh morgens um 6:45 Uhr auf zu meiner Grizzly – Tour. Die Fahrt nach Telegraph Cove war nun einfach, da ich die Strecke bereits kannte. Es war allerdings ein mulmiges Gefühl, auf dem kleinen Parkplatz in der Morgendämmerung zu parken. Denn tags zuvor hatte ich ja von den aggressiven Pumas gelesen, die es auf der Insel geben sollte. Einem Schwarzbären wollte ich nun auch nicht in der Dunkelheit begegnen. Grizzlys gibt es zwar nur am Festland von Kanada, aber diese Tiere können gut schwimmen und in den letzten Jahren haben es 2 Bären auf die Insel geschafft. Meist werden sie aber vorher wieder eingefangen und zurück in Kanadas Wälder gebracht. Aber Pumas und Schwarzbären reichen ja schon... Es war mucksmäuschenstill und ich war froh, als ich den Steg erreichte, wo einige Laternen brannten. Als ich bei dem Büro ankam, das die Tour organisierte, war ich noch allein. Aber ich fühlte mich besser, als da auf dem Parkplatz am Waldrand. Schon bald kamen noch mehr Menschen,denn ich schloss mich ja einer Kleingruppe an. Wir bestiegen ein kleines Speedboot und wollten damit 2 Stunden das Meer überqueren bis zu einem langen Fjord am Festland, dem Knight Inlet. Es war ein tolles Gefühl, so schnell über das ruhige Meer zu gleiten, denn das Wasser war absolut ruhig. Nur unser Speedboot erzeugte Wellen. Da rief plötzlich irgend jemand etwas von einem Delfin. Das Boot wurde etwas langsamer. Und tatsächlich!: Um unser Boot herum tanzten 15 Pazifische Weißstreifendelfine durch die Wellen. Wir stoppten das Boot und beobachteten die neugierigen Tiere, die uns umzingelten. Fotografieren ließen sie sich schwer, denn kaum tauchten sie aus den Wellen, da waren sie auch schon wieder verschwunden. Unser Guide gab Gas und wir konnten den Delfinen zusehen, wie sie unserem Boot folgten und scheinbar glücklich durch die Wellen sprangen, die unser Boot erzeugte. Sie begleiteten uns noch eine ganze Weile. So unerwartet, wie sie aufgetaucht waren, verschwanden sie auch wieder ins offene Meer hinaus. Ich liebe Delfine und fand diese Begegnung einfach toll. Man kann kaum beschreiben, was für Gefühle es auslöst, diesen wunderbaren Meeressäugern zu begegnen.

Bald darauf wurde unser Boot langsamer und wir bekamen Ferngläser ausgeteilt. Am Ufer entdeckten wir einen jungen Schwarzbären. Nach einer Weile kamen wir in ruhigeres Gewässer und der Guide entdeckte einen

Grizzly mit seinem Jungen. Leider fand ich den Bären in den Büschen nicht, da half auch das Fernglas nichts. Ein wenig enttäuscht war ich daher schon, als wir kurze Zeit später an einem Steg das Speedboot festmachten. Allerdings wusste ich da noch nicht, was noch folgen sollte.

Zuerst gab es eine Frühstückspause mit Muffins und Kaffee. Am Steg lag ein anderes Boot, das nun vorbereitet wurde. Dabei handelte es sich um eine Art flache Plattform, auf der Bänke befestigt waren. Eine erhöhte Plattform mit Leiter war in der Mitte. Mit diesem Boot sollte die Fahrt nach dem Essen weiter gehen. Wir beobachteten eine Robbe und einige Wasserflugzeuge, die abhoben und landeten.

Das Plattformboot hatte einen Motor. Unser Guide zog aber eine Hochwassergummihose an und stieg ins seichte Wasser des Fjordes. Am Ufer konnten wir durch unsere Ferngläser einen jungen und einen erwachsenen Weißkopfseeadler in den Bäumen erkennen. Der Guide zog das Plattformboot durchs Wasser. Der Motor hätte die Grizzlys nur verjagt. Wir erfuhren, dass dieser Fluss sehr schwer zugänglich war und daher die absolute Wildnis auf uns warten würde. Nur diese eine Organisation hatte die Erlaubnis, solche Grizzly – Touren durchzuführen. Und auch nur zu einer bestimmten Zeit im Jahr – unter anderem im August. Deshalb wurde dieser Fjord nicht von Touristen überschwemmt und die Organisation sorgte dafür, dass die Bären und andere Wildtiere nicht gestört wurden. Unter größter Vorsicht zog der erfahrene Guide die Plattform den seichten Fluss hinauf. Dabei glitt das Boot über die Steine. An der Unterseite musste es wohl schon sehr zerkratzt sein. Der Fluss war ungefähr knietief. Bald sahen wir um uns herum im Wasser Lachse. Es wimmelte nur so von ihnen. Sie sprangen und spritzten das Wasser hoch. Die Lachse wanderten den langen Weg bis Alaska hinauf, bis zu den Gründen, wo sie selbst geboren waren. Ein Fest für Grizzlys, deren Leibspeise Lachse sind. Bei der Vielzahl der Fische konnte man sich das vorstellen. Wir wurden angewiesen, uns nur noch flüsternd zu unterhalten. Denn sobald die Bären Stimmen hörten, wären sie weg. Ein weiteres Plattformboot war auch im Fjord unterwegs und die Guides standen in Funkkontakt, um eine Sichtung sofort weiterleiten zu können. Als wir um eine Ecke bogen, sahen wir den ersten Bären mitten im Fluss stehen. Der Guide stoppte das

Boot und wir warteten ab. Der Bär bemerkte uns scheinbar nicht, oder er ließ sich nicht stören. Klar, Lachse schmecken auch besser als Touristen! Irgendwann verschwand der Grizzly in den Büschen und das Boot glitt weiter sanft durchs Wasser, während außer Vogelgetzwitscher nichts mehr zu hören war. Wir alle hatten den Atem angehalten und suchten den Fluss ab. Gemütlich setzten wir uns auf die Plattform. Um jede Kurve fanden wir nun immer wieder Bären, die wir eine Weile beobachteten, bevor der Guide das Boot weiter zog. Bis wir an einer Stelle im Fluss ankamen, wo mehrere Grizzlys im Wasser standen. Und als unser Boot stoppte, erlebten wir eine Sensation! Wir konnten beobachten, wie die Bären mit ihren riesigen Pranken in den Fluss hechteten und die Lachse herausschleuderten. Es war einfach unbeschreiblich gigantisch! Leise klickten unsere Kameras. Wir waren ungefähr zehn Meter von den Bären entfernt und konnten sehen, wie groß sie waren. Zehn Meter ist nicht viel, wenn man bedenkt, dass wir hier den zweitgrößten Bären der Welt gegenüber standen! Nur der Eisbär ist noch größer. Auch Jungtiere waren dabei, die tollpatschig versuchten, ihren Eltern nachzueifern. Ein herrliches Erlebnis. Ich drehte auch einige

Filme mit meiner Kamera. Gut, dass ich einen Ersatzakku dabei hatte. Denn wenn man gefühlt im Sekundentakt knipst und dann noch Filmchen dreht, hält so ein Kamera - Akku nicht lang! Wir sahen wie ein Bär sein nasses Fell ausschüttelte und wie die Tiere immer wieder Anlauf nahmen, ins Wasser sprangen und Lachse fischten. Dann zogen sie sich ans Ufer zurück, um den Fisch in aller Ruhe zu verspeisen. Zwei junge Bären bekamen Streit um den Fisch. Sie balgten sich, bissen sich gegenseitig und irgendwann holte einer der Grizzlys aus und versetzte dem Anderen einen Hieb mit seiner Tatze. Ein größerer Bär – vielleicht die Mutter – kam dazu und klärte den Streit. Sie ging dazwischen und sorgte für Ruhe. Ich musste schmunzeln. Einer der Bären entdeckte uns und kam auf uns zugeschwommen. Der Guide zog die Plattform ein bisschen rückwärts. Das Tier war aber wohl nur neugierig. Denn es kehrte nach einigen Sekunden wieder um. Gefährlich war die Situation wohl nicht, da der Guide ruhig blieb. Er wusste wohl, dass der Bär die Lachse im Hinterkopf hatte und Neugier ist auch bei Bären nicht strafbar. Der Guide war erfahren, da er sich schon viele Jahre mit Bären auseinandersetzte und daher waren wir sicher. Außerdem hätten wir wohl nur alle laut schreien müssen, um alle Bären sofort zu verscheuchen. Der schwimmende Bär sah auch nicht angriffslustig aus. Nach einer Weile zogen wir weiter, um an einer anderen Stelle erneut zwei junge Grizzlys zu beobachten, die kämpften. Diese Kämpfe gehören aber zum Aufwachsen der Bären dazu. Sie verletzen sich dabei nicht wirklich. Es wirkt einerseits wie ein Spiel, andererseits versuchen die jungen Bären damit dem jeweils anderen zu demonstrieren, wer der Stärkere ist. Es ist ein Spitzenerlebnis, Grizzlys in der Natur zu beobachten. Danke an Tide Rip Tours für dieses tolle Erlebnis! So nah werde ich einen Grizzly wohl nicht mehr sehen! Allerdings musste ich später auch lachen, als ich im Museum Mensch und Natur in München den ausgestopften Braunbären Bruno sah, der dort ausgestellt ist. Dieser hatte über einen längeren Zeitraum meinen Heimatort Mittenwald in Angst versetzt. Als ich nun vor dem ausgestopften Tier stand, erinnerte ich mich an die Grizzlys und konnte nur lachen, da er so klein wirkte. Wenn man einem Grizzly so nah war wie ich, dann kann man nicht verstehen, warum Leute vor so einem kleinen europäischen Braunbären Angst haben! Der Größenunterschied zwischen Bruno und den kanadischen Grizzlys ist enorm!

Nach einem langen, schönen Tag kehrten wir dem Fluss den Rücken zu und es ging zurück zu unserem Speedboot. Auf der Rückreise durch den Knight Inlet begegneten uns immer wieder einzelne Bären, teilweise mit Jungtieren. In Erinnerung blieb mir auch der eine Bär, der im Wasser stand und von dem nur der Kopf herausragte. Er sah uns noch lange hinterher. Teilweise waren wir nur ca. 7 Meter von einzelnen Bären entfernt. Diese Tour kann ich jedem, der sich für Natur und Tiere interessiert, nur wärmstens empfehlen. Zu buchen über Erlebe-Kanada, die mit der kanadischen Partneragentur Tide Rip Tours zusammen arbeiten und für Nachhaltigkeit, Tier- und Umweltschutz und besondere Erlebnisse sorgen!

Mit dem Speedboot kehrten wir mit vielen traumhaften Erlebnissen und gefühlt Millionen von Fotos im Gepäck am frühen Abend zurück nach Telegraph Cove. Glücklich und zufrieden fuhr ich ins Black Bear Resort, wo ich noch eine Nacht verbringen wollte. In dieser Nacht schlief ich wunderbar und träumte noch lange von den Grizzlys und den Lachsen.

4. Zwischenstopp in Parksville

Am Morgen des 26. 08. 2014 fuhr ich von Port McNeill los nach Parksville. Die Fahrt dauerte 4 Stunden. Hier in Parksville hatte ich eine Zwischenübernachtung gebucht. Denn die Fahrt an der kompletten Küste Vancouver Islands entlang, um nach Nanaimo zu kommen, wo die Autofähren ablegen, war ein sehr weiter Weg. Das kann man unmöglich an einem Tag fahren, wenn man einen stressfreien Urlaub möchte. Ich hatte geplant, mit der Autofähre von der Insel nach Vancouver überzusetzen, um meine letzten Urlaubstage in der Stadt zu verbringen. In Vancouver am Flughafen wollte ich mein Mietauto abgeben, da ich es dann nicht mehr brauchen würde, denn Vancouver kann ich auch zu Fuß erkunden.

In Parksville angekommen, war es nicht ganz einfach, das Hotel zu finden. Mehrfach fuhr ich die Straße auf und ab. Irgendwann hielt ich an einer Tankstelle und fragte nach. Der Tankwart beschrieb mir ganz genau, wie das Schild aussieht, das das Hotel ankündigt. Denn ich hatte ja kein Navi, um die Adresse zu finden. Tatsächlich fand ich nach der Beschreibung des Tankwarts endlich das Hotel „Ti Na Mara Resort". Es war eine große Anlage mit verschiedenen Holzhäusern, in denen die Zimmer untergebracht waren. Das Anwesen machte auf mich gleich einen gemütlichen Eindruck. Nach dem Einchecken fand ich recht schnell mein Zimmer und stellte fest, dass ich vor dem Haus, wo ich untergebracht war, parken konnte. Das Zimmer war sehr gemütlich eingerichtet. Eigentlich war es eher ein ganzes Apartment. Es gab eine Küchenecke, einen echten Kamin, in dem man hätte ein Feuer anzünden können und eine Couch. Auch ein Balkon mit Ausblick ins Grüne war da. Ich war im ersten Stock untergebracht.

Ich machte mich auf den Weg, um das Gelände zu erkunden. Mitten auf einem der Wege lag eine Schlange. Da ich mich für diese Tiere interessiere, beobachtete ich sie eine Weile. Sie bewegte sich recht komisch, ich vermutete, eine Ringelnatter vor mir zu haben, aber sicher war ich mir absolut nicht. Ich fotografierte sie aus sicherer Entfernung. Ich habe immerhin einen Zoom an meiner Kamera. Dann lief ich zur Rezeption und meldete meinen Fund, da ich auf dem Gelände Kinder herum springen sah, die unbeaufsichtigt waren. Eine Ringelnatter wäre ja nicht giftig. Aber was wäre, wenn es doch eine andere Schlange sein sollte, die giftig ist. An der Rezeption nahm man mich aber nicht wirklich ernst. Sie meinten, es gäbe hier viele Ringelnattern. Ich erklärte Ihnen, dass Kinder ohne ihre Eltern auf dem Gelände unterwegs seien und dass ich nicht sicher wüsste, was es für eine Schlange ist. Ich äußerte meine Bedenken, dass es durchaus auch eine Giftschlange sein könnte und Kindern vielleicht einfallen könnte, sich das Tier näher anzusehen. Nachdem ich die Stelle, wo das Tier war, genau beschrieben hatte, versprach man mir, einen Mitarbeiter zu kontaktieren, der sich die Schlange anschauen sollte. Mehr konnte ich nun wirklich nicht tun. Ich machte mich auf den Weg, um den Strand zu suchen. Als ich auf dem Rückweg vom Strand wieder an der Stelle vorbei kam, wo ich die Schlange gefunden hatte, lag sie immer noch dort. Sollte es eine Giftschlange gewesen sein, und sollte sie ein Kind gebissen haben, ist das nicht mein Problem. Ich habe mich korrekt verhalten und meinen Fund gemeldet. Falls ein Mitarbeiter des Hotels wirklich dort vorbei geschaut hat, war es wohl eine harmlose Schlange, da er sie sonst entfernt hätte. Falls sich niemand das Tier angeschaut hat, habe ich es immerhin gemeldet.

Der Strand, der zum Hotel gehörte, war

wunderbar. Ich lief barfuß durch den feinen Sand und genoss den lauen Wind, der die salzige Meeresluft zu mir herüberwehte.

Abends fand ich im Restaurant des Hotels ein leckeres Essen und genoss die Ruhe dieses tollen Hotels.

Ich ging früh zu Bett, da ich am nächsten Morgen ja zeitig aufstehen musste, um meine Reise fortzusetzen.

5. Nanaimo -From Duke Point to Tsawassen

Am nächsten Morgen (27. 08. 2014) fuhr ich mit meinem Mietauto nach Nanaimo. In diesem Ort starten die Autofähren aufs Festland. Es waren nur noch 45 Minuten Fahrt. Duke Point hieß der Hafen, wo die Fähre ablegt, Tsawassen, ist der Hafen am Festland, wo die Fähre anlegt. Ich hörte wieder einmal Radio. Am meisten freute mich, dass plötzlich das Lied „Wind of Change" gespielt wurde. Ich liebe dieses Lied. Deshalb sang ich auch ganz laut mit. Zum Glück musste ich immer nur der Straße folgen, auf der ich mich befand. Denn wieder einmal gab es kaum Straßenschilder. Ich folgte der Straße bis endlich, kurz bevor ich abbiegen musste, ein Schild „Nanaimo" ankündigte. Nach dem ich abgebogen war, gab es auf der Straße aufgemalte Fahrspuren und ich ordnete mich einfach ein. Mein Ticket für die Fähre hatte ich vor der Reise schon erhalten. Ich musste es nun nur noch vorzeigen. Der freundliche Mann erklärte mir genau, wo ich hin musste und auf der Autofähre gab es Einweiser. Ich stellte mein Auto ab, zog die Handbremse an und machte mich auf den Weg an Deck, um mir den Fahrtwind um die Nase wehen zu lassen und zuzusehen, wie die Küste Vancouver Islands immer kleiner wurde. Nach einer kurzen Überfahrt erreichte das Schiff das kanadische

Festland. Ich stieg in mein Auto, um von der Fähre herunter zu fahren.

Allerdings stand ich dann erst einmal im Stau, da es natürlich ewig dauerte, bis alle Autos hintereinander das Schiff verlassen hatten und auf die Straße kamen. Es dauerte eine gefühlte Ewigkeit, bis ich endlich freie Fahrt hatte. Es gab nach der Ausfahrt genau ein Schild, auf dem die Richtung zum Flughafen angezeigt war. Leider kam dann lange Zeit kein Schild mehr. Ich fuhr immer gerade aus und suchte nach Straßenschildern. Wie ich den Flughafen ohne Navi und ohne Straßenschilder letztendlich gefunden habe, ist mir bis heute ein Rätsel... Irgendwann tauchte das Flughafengelände vor mir auf. Nun versuchte ich, Schilder zu finden, die mir andeuten konnten, wo die Mietwagenrückgabe war. Ich fuhr so lange auf dem Flughafengelände herum, bis ich eine Tiefgarage entdeckte, und daneben ein Schild mit dem Namen meiner Autovermietung. Ich fuhr hinein und es war tatsächlich die Mietwagenrückgabestelle! Leider konnte ich das Auto nicht mehr volltanken. Ich hatte zwar einen Tag vorher getankt, aber ein wenig Sprit fehlte trotzdem. Deshalb beglich ich dann die Rechnung mit einen kleinen Extrabetrag, um das

Benzin zu bezahlen. Der Mann an der Rücknahme versicherte mir, vor dem Flughafen sei eine Tankstelle gewesen. Ich hatte aber so viel damit zu tun, nach Straßenschildern Ausschau zu halten, dass ich die Tankstelle wohl übersehen habe. Ich kann mich jedenfalls nicht erinnern, dass mir solch ein Gebäude aufgefallen wäre.

Ich hatte vom Flughafen in Vancouver ein Shuttle zum Hotel gebucht. Dazu lief ich in die Halle zu einem bestimmten Meeting Point, wo immer jemand von dem Shuttle Service wartet. Ich wurde dort freundlich empfangen und zum Hotel in Downtown Vancouver gebracht.

Ich lief an diesem Abend noch ein bisschen durch die Straßen rund um das Hotel und aß im Hotelrestaurant zu Abend.

6. Großstadt – Dschungel Vancouver

Am Morgen des 28. 08. 2014 machte ich mich auf, um Vancouver zu erkunden. Ich habe übrigens hierbei einen Tipp für alle, die eine Großstadt und die Wildnis eines Landes erleben wollen. Zukünftig würde ich immer zuerst die Großstadt anschauen und dann in die Wildnis gehen. Ich hatte es anders herum gemacht. Zuerst nur kleinere Orte und die Wildnis pur und dann kam ich nach Vancouver... Und ich erlebte den absoluten Kulturschock! Denn wenn man von der Wildnis, wo es weite Flächen gibt, nach Vancouver kommt, und diese ganzen Hochhäuser und Wolkenkratzer sieht, wird man gefühlt regelrecht erschlagen von den hohen Bauten.

Von meinem Hotel in Downtown lief ich die zehn Fußminuten zum Stanley Park. Dort sollte meine Stadterkundung starten. Der Park ist riesig, aber wunderschön. Wenn man Grünflächen zum Spazieren gehen sucht, ist man hier genau richtig. Zuerst führte mich mein Weg ins Vancouver Aquarium, das mitten im Park liegt. Dort gibt es wunderbare Tiere: Haie, Schildkröten, Rochen, aber auch Otter, Schlangen und viele weitere Kreaturen. Unter anderem haben sie dort zwei Belugawale Diese Meeresgeschöpfe finde ich besonders toll.

Schneeweiße Wale sieht man eben nur selten. Das Vancouver Aquarium ist zugleich eine Auffangstation für verletzte Tiere. Zum Beispiel werden dort verletzte Delfine gesundgepflegt und – wenn möglich – wieder ausgewildert. Während sie gesund gepflegt werden, kann man die Delfine in einer Delfinshow sehen. Die Tiere sind von Natur aus sehr verspielt und sie haben große Becken. Ich habe mich mit einer der Tierpflegerinnen unterhalten und sie erzählte mir Einiges darüber. Die Tiere haben es dort gut während ihrer Pflege und sind normalerweise nur eine bestimmte Zeit dort, bevor sie wieder ins Meer dürfen. Und da sie sowieso verspielt und sehr intelligente Geschöpfe sind, ist die Show auf jeden Fall keine Qual für diese wunderbaren Meeressäuger. Die Delfine, die an der Show teilnahmen, waren Pazifische Weißstreifen - delfine. Ich erzählte der Tierpflegerin auch, dass ich genau diese Delfine einige Tage zuvor in einer Gruppe von 15 Tieren vor der Nordküste Vancouver Islands gesehen hatte. Sie freute sich darüber. Denn sie meinte, sie findet es schön, wenn sie von Besuchern des Aquariums von Sichtungen in freier Wildbahn erfährt. Ich lief durch das ganze Aquarium, was einige Zeit in Anspruch nahm.

Dann lief ich weiter durch den Stanley Park. Mein Ziel waren die Totem Poles. Das sind bunte, von den Ureinwohnern geschnitzte Pfähle, die aufgereiht im Park stehen. Von dort hat man auch einen guten Blick in Richtung der Capilano Hängebrücke, die auf der anderen Seite der Bucht unweit von Vancouver liegt. Ich liebe hohe Hängebrücken, die über tiefe Schluchten führen. Leider hatte ich nur diesen einen Tag für die Besichtigung der Stadt Zeit, denn meine 3 Wochen Urlaub neigten sich dem Ende zu. Deshalb fand ich leider keine Möglichkeit mehr, diese Brücke zu besichtigen... Aber das ist nur ein Grund, Kanada noch einmal zu besuchen und auch in Vancouver noch einmal vorbeizuschauen.

Ich genoss die Aussicht auf die Skyline von Vancouver. Dann marschierte ich an der Bucht entlang zurück in die Innenstadt. Das war ein langer Weg und wenn ich Kilometergeld bekommen hätte, wäre ich heute reich! Aber ich laufe gern zu Fuß und kann dabei auch große Strecken zurücklegen. Es machte mir daher nichts aus, so weit zu laufen. Ich kam unter Anderem auch am Coal Harbour vorbei, wo Wasserflugzeuge starteten und landeten. Wenn ich mehr Zeit gehabt hätte, hätte ich einen

Flug mit einem Wasserflugzeug auch noch gemacht.

Vorbei am Olympischen Feuer erreichte ich bald darauf die Grenze zwischen Downtown und Gastown. Im Stadtteil Gastown steht auf dem Maple Tree Square die Statue des „Gassy Jack". Genau dort stand früher ein alter Ahornbaum, unter dem die Pioniere der Stadt den Namen Vancouver gaben. Also durchaus ein geschichtsträchtiger Ort, den man besuchen sollte. In der Nähe gibt es die Steam Clock zu bewundern. Wie der Name der Uhr schon vermuten lässt, dampft sie ununterbrochen. Zu jeder halben Stunde spielt sie dann auch noch eine Melodie. Das sollte man nicht verpassen!

Durch Chinatown lief ich dann zum Vancouver Lookout. Denn ich freue mich immer, wenn es eine Möglichkeit gibt, eine Stadt von oben zu betrachten. Aus der Vogelperspektive wirkt jede Stadt noch einmal ganz anders. Dieses Erlebnis lasse ich mir daher nicht entgehen, wenn es eine Chance dazu gibt. Abends fand ich ein nettes italienisches Lokal, in dem ich ein gutes Abendessen genoss, bevor ich müde wieder ins Hotel zurück kam.

7. Abschied von Vancouver

Am 29. 08. 2014 machte ich mich auf den Weg nach Hause. Durch die Zeitverschiebung landete ich erst am 30. 08. 2014 wieder in München. Auch der Rückflug führte mich über Toronto und Wien. Am Flughafen von Toronto hatte ich einen langen Aufenthalt, den ich dazu nutzte, um in einem Buch zu lesen.

Dieser Rückflug sollte um 6:20 Uhr morgens stattfinden. Deshalb musste ich erneut sehr früh aufstehen. Ich schwor mir in diesem Moment, Flüge um solche Uhrzeiten zukünftig zu vermeiden, wenn es möglich ist, da ich es nicht unbedingt toll finde, so früh aufstehen zu müssen. Ohne Kaffee kann man ja morgens mit mir nichts anfangen. Also fragte ich an der Rezeption, wo ich Kaffee herbekäme, denn das Frühstücksangebot war zu dieser Zeit wieder einmal noch nicht verfügbar. Mein gebuchter Shuttlebus zum Flughafen sollte mich um 4:30 Uhr abholen vor dem Hotel. Das Hotel, in dem ich wohnte, war aber wohl auf Geschäftsreisende spezialisiert, die öfter solche Flugzeiten hatten. Deshalb gab es hier ein spezielles Angebot. Im Zimmer lag ein Türschild aus Papier, das aussah wie diese „Bitte-nicht-stören-Schilder", die es in jedem Hotel gibt. Darauf konnte man ankreuzen, ob man Tee oder Kaffee trinken möchte und beim Tee hatte man sogar die Auswahl zwischen verschiedenen Sorten. Ebenfalls ankreuzen konnte man, ob zum Kaffee Milch oder Zucker serviert werden sollte. Man musste mit Angabe der Zimmernummer und der Uhrzeit, um die man den Kaffee möchte, alle Wünsche ankreuzen und bis spätestens 22 Uhr vor die Zimmertür hängen. Ab 22 Uhr sammelten Mitarbeiter des Hotels die Schilder ein. Und ab 4 Uhr morgens wurden die Wünsche dann per Zimmerservice verteilt. Ich machte selbstverständlich von diesem Angebot Gebrauch. Da ich um 4:30 Uhr schon vor dem Hotel sein musste, schrieb ich auf das Schild, dass ich um 4 Uhr Kaffee möchte.

Während ich an diesem Morgen meine restlichen Sachen in die Reisetasche packte, klopfte es um Punkt 4 Uhr an meine Zimmertür. Als ich öffnete, stellte der Zimmerservice eine riesige, volle Kanne Kaffee auf dem Tisch ab. Dieses Angebot des Hotels funktioniert also wirklich einwandfrei! Mir hätte eine Tasse auch gereicht. Oder eine kleine Kanne. Denn eine ganze Kanne heißen Kaffee kann ich sicherlich nicht in 30 Minuten austrinken. Aber der Service ist toll und ich konnte um diese nachtschlafende Zeit tatsächlich einen frischen Kaffee zu mir nehmen. Danke an das Hotel für diesen tollen Service!

Die Rückreise dauerte zwar lang, verlief aber ohne besondere Ereignisse und absolut reibungslos. Ich landete pünktlich in München und kehrte mit vielen Abenteuern, Eindrücken und Erfahrungen und vor allem absolut entspannt und überglücklich nach Hause zurück.

Und ich kam zu dem Schluss, dass Kanada eine Reise wert ist. Egal ob man Entspannung oder Abenteuer sucht, das Land hat für jeden etwas zu bieten. Probiert es einfach selbst mal aus.

Ende

Epilog

Reisen bildet. Man lernt viel und man tut auch sehr viel für sich. Mal abgesehen davon, dass es einfach nur Spaß macht, neue Welten kennen zu lernen oder Abenteuer zu erleben. Mir sind solche Reisen in die weite Welt einfach sehr wichtig. Deshalb werde ich weiterhin solche Unternehmungen planen und durchführen.

Die Kanadier haben mir einen Witz mit auf den Weg gegeben, den ich meinen Leserinnen und Lesern nicht vorenthalten möchte:

Es wurde mir mir einem Augenzwinkern erklärt, dass Kanada nicht nur ein offizielles Militär hätte, das ihr Land schützt. Nein, es gäbe sogar noch die tierische Variante davon...

Die Air Force wird in der Tierwelt von den Weißkopfseeadlern verkörpert.

Die Infanterie (also die Bodentruppen) übernehmen im tierischen Militär die Grizzlys.

Und alles, was beim menschlichen Militär die Aufgaben der Navy darstellt, das wird im Tierreich von den Orcas erledigt.

Danksagung

Danke möchte ich als allererstes meinem Reisebüro **Erlebe – Fernreisen** sagen. Für die tolle Organisation der Reisebausteine und der Tierbeobachtungstouren. Und vielen herzlichen Dank auch dafür, dass ich die Reisebausteine an meine bestehende Reise, die ich ja bei Schulz Aktiv Reisen gebucht hatte, einfach und problemlos dranhängen konnte. Danke auch für die Hilfe, die mir zuteil wurde, damit ich das Geld für mein gebuchtes Navigationsgerät, das ja dann leider nicht zur Verfügung stand, so schnell und reibungslos zurückerstattet bekam.

Danke auch an das **Partnerbüro von Erlebe – Fernreisen** das mir wegen des Navigationsgerätes unverzüglich mit Rat und Tat zur Seite stand.

Herzlichen Dank auch den freundlichen und hilfsbereiten **Kanadiern**, die mir immer höflich zur Seite standen und mir tolle Einblicke in ihr schönes Land ermöglicht haben. Danke für die Straßenkarten, die mir geschenkt wurden und die guten, exakten Wegbeschreibungen, die es mir ermöglichten ganz allein und ohne Navi alles zu finden, was ich gesucht hatte. Und danke auch, dass ihr ein so tolerantes und herzliches Volk seid und mich und alle Menschen einfach so akzeptiert wie wir sind.

Selbstverständlich möchte ich mich hier nun auch bei meinen **Lesern und Leserinnen** bedanken, die meine Geschichten so fleißig verfolgen. Viel Spaß auch mit dem 3. Teil meiner Reise durch Kanada.

Danke an meine **Eltern und Freunde**, die immer an mich glauben und meine Abenteuerlust stets unterstützen und immer für mich da sind. Schön, dass es euch gibt!

Informationen über die Autorin

Julia Riesenweber ist im schönen Karwendelgebirge im Ort Mittenwald aufgewachsen. Sie wohnt mittlerweile in München, wo sie auch als Erzieherin in einer Kinderkrippe arbeitet. In ihrer Freizeit reist sie gern in fremde Länder. Weitere Hobbys sind fotografieren, lesen, Bilder malen, Gedichte und Geschichten schreiben.

<u>Weitere Bücher der Autorin</u>

<u>Die kleine Flamme findet Freunde</u>

Die kleine Flamme fühlt sich einsam. Sie ist ganz allein und wünscht sich nichts sehnlicher, als endlich Freunde zu finden. Das ist aber gar nicht so einfach. Denn Feuer ist gefährlich und daher haben viele Tiere Angst vor Funkel. Er macht sich auf den Weg in die weite Welt. Wird sein Wunsch, Freunde zu finden, am Ende seiner Reise wahr werden?

ISBN Buch: **9783752612608**   (5,99 €)

ISBN E-Book: **9783753411453**   (3,99 €)

Erschienen am **20. 01. 2021** bei Books on Demand.

Poesie der Worte

Gedichte für viele Anlässe

Gefühle sind vielfältig und lassen sich gut in Worte fassen. In diesem Buch hat die Autorin Gedichte zusammengestellt, die tiefe Gefühle ausdrücken, oder ihren Gedanken freien Lauf gelassen. Sie bedient sich dabei verschiedener Versmaße, spielt mit den Worten und lässt manchmal auch Bilder vor ihrem inneren Auge entstehen. Sie hat auch Gedichte zu verschiedenen Anlässen (wie Geburtstag oder Muttertag) in ihre Sammlung integriert. Freuen Sie sich auf eine Vielzahl verschiedenster Gedichte und lassen Sie die Worte in Ihrem Inneren nachklingen.

ISBN Buch: **9783752640083**   (5,99 €)

ISBN E-Book: **9783753449081**   (3,99 €)

Erschienen am **29. 01. 2021** bei Books on Demand.

That`s Camping

Wandern in den Rocky Mountains

Band 1 *meiner Sommer – Rundreise durch Kanada*

Unendliche Wälder, hohe Berge, Gletscher, unzählige Seen, Grizzlys, all das ist Kanada, und noch viel mehr. Die Autorin nimmt Sie mit auf eine abenteuerliche Wandertour quer durch die Rocky Mountains und erzählt von steilen Wegen, traumhafter Landschaft, heißem Sommerwetter und sogar einem Thunderstorm. Lassen Sie sich verzaubern von der wunderbaren Kulisse des Banff und Jasper Nationalparks und den vielen Erlebnissen mitten in den Rockys.

ISBN Buch: **9783753495378**   *(6,99 €)*

ISBN E-Book: **9783753418520**   *(3,99 €)*

Erschienen am **26. 04. 2021** *bei Books on Demand.*

Athabasca

Mit dem Kanu durch die Wildnis

Band 2 meiner Sommer – Rundreise durch Kanada

Ein reißender Fluss in der Wildnis Kanadas, eine 16-köpfige Reisegruppe, 8 Kanus, 4 Tage, 160 km paddeln... Die Autorin nimmt Sie mit auf eine abenteuerliche Tour durch das wildromantische Kanada und kämpft dabei mit intensiven Gefühlen, Stromschnellen, gefährlichen Strudeln und einem Muskelkater. Lassen Sie sich entführen in die Einsamkeit der Wildnis und genießen Sie die verschiedenen Erlebnisse und die Ruhe in der Weite der Natur.

ISBN Buch: **9783754303412**   *(7,99 €)*

ISBN E-Book: **9783754350751**   *(3,99 €)*

Erschienen am **27. 05. 2021** *bei Books on Demand.*

Bildergallerie

Propellermaschine nach Comox

Flugzeug von innen

Tsunamis in Kanada?

Telegraph Cove

Es herrscht gerade Ebbe in Telegraph Cove

Orca auf 12 Uhr

Möwenansammlung

Speedboot von Tide Rip Tours

Plattformboot für die Grizzly - Tour

Kampf um Lachs zwischen jungen Grizzlys

Mama Bär schlichtet den Streit

Holzhaus im „Ti Na Mara Resort" in Parksville

Schlange auf dem Hotelgelände in Parksville

Hoteleigener Strand in Parksville

Duke Point (Nanaimo) auf Vancouver Island

Autofähre von Nanaimo nach Tsawassen
(Vancouver)

Tsawassen im Hafen von Vancouver

Stanley Park in Vancouver

Pazifische Weißstreifendelfine im Vancouver Aquarium

Downtown Vancouver

Gassy Jack am Maple Leave Square in Gastown, Vancouver